UNIVERSITÉ DE FRANCE.

ACADÉMIE DE STRASBOURG.

ACTE PUBLIC
POUR LA LICENCE,

PRÉSENTÉ

A LA FACULTÉ DE DROIT DE STRASBOURG

ET SOUTENU PUBLIQUEMENT

le Lundi 14 Décembre 1857, à midi,

PAR

PAUL BOTTIN,

SURNUMÉRAIRE DE L'ENREGISTREMENT ET DES DOMAINES.

de Saint-Hippolyte (Haut-Rhin).

STRASBOURG,

DE L'IMPRIMERIE D'ÉDOUARD HUDER, RUE DES VEAUX, 27.

1857.

A MON GRAND-PÈRE

VÉRON-RÉVILLE.

P. BOTTIN.

FACULTÉ DE DROIT DE STRASBOURG.

MM. Aubry ✳. . . . . doyen et prof. de Droit civil français.
Hepp ✳ . . . . professeur de Droit des gens.
Heimburger. . . . . professeur de Droit romain.
Thieriet ✳ . . . . . professeur de Droit commercial.
Schützenberger ✳ . professeur de Droit administratif.
Rau ✳. . . . . professeur de Droit civil français.
Eschbach . . . . . . professeur de Droit civil français.
Lamache ✳ . . . . . professeur de Droit romain.
Destrais. . . . . . . professeur de Procédure civile et de
                                        Droit criminel.

M. Blœchel ✳ . . . . . . professeur honoraire.

MM. Lederlin, professeur suppléant provisoire.
Marinier, *idem*.

M. Bécourt, officier de l'Université, secrétaire, agent compt.

MM. Destrais, président de la thèse.
Aubry,
Hepp,   } examinateurs.
Marinier,

La Faculté n'entend approuver ni désapprouver les opinions particulières au candidat.

JUS ROMANUM.

Quibus modis tollitur obligatio, et peculiariter de
compensatione et confusione.

(Institutes, livre 3, titre 24.)

PROŒMIUM.

Obligatio tollitur aut ipso jure, aut exceptionis ope : jure dicitur
obligationem tolli, cum illius perimitur substantia, nec amplius datur
actio; exceptionis vero ope, cum subsistente adhuc civili obligatione,
præstatur et actio, sed quæ per exceptionem prætoris aliquam elidi-
tur, ita ut incolumis et integra maneat obligatio, nisi exceptio sit in
judicio opposita. Ideo dicere possumus primo tantum modo vere tolli
obligationem, secundo solum infirmari per exceptionem quam de-
fensor apud prætorem quærit.

PRIMUM CAPUT.

Quibus generaliter modis tollitur obligatio.

Modi quibus ipso jure obligationes tolluntur aut communes sunt
contractibus omnibus, vel plerisque.

Qui ad omnes obligationes pertinent sequuntur :

1° Solutio est vera præstatio ejus quod in obligatione est (L. 176,

1

ff. de verb. sig.) ; tollitur omnis obligatio solutione ejus quod debetur (Inst. quibus modis obligatio tollitur pr.).

Tollitur et obligatio si quis, consentiente creditore, aliud pro alio solverit (Inst. pr. hoc tit.)

Quum in solutione aliquid præstandum sit, sequitur ut is demum recte solvat, eique cum effectu solvatur, cui est libera suarum rerum administratio.

Nec tamen interest quis solvat, utrum ipse qui debet, an alius pro eo : liberatur enim et alio solvente obligatio, sive sciente sive ignorante debitore vel invito solutio fiat (Gaïus, Comm. III, n° 168).

Solutione, id est præstatione ejus quod erat in obligatione, certum est liberari et reum et fidejussores.

2° Si totam summam a debitore justo tempore et loco *oblatam*, accipere non vult creditor, obsignatione totius debitæ pecuniæ, in judicio solemniter facta, liberationem contingere manifestum est.

3° Novatio quæ a *novo* nomen accepit est prioris debiti' in aliam obligationem, vel civilem, vel naturalem transfusio atque translatio (Dig., L. 45, tit. II, § 1).

Tribus modis fieri potest novatio :

1° Mutatis personis, puta : debeo tibi centum, centum mihi debet Sempronius, tu centum ab eo stipularis, ego a te liberor, Sempronius a me liberatur : sola remanet Sempronii erga te obligatio; puta, si tua jura tertio transmittis creditori.

2° Mutata re debita : debeo tibi fundum, loco fundi, stipularis a me centum, animo novandi, sola remanet posterior obligatio, prior extinguitur.

3° Mutata causa obligationis : debeo tibi centum ex causa emptionis, stipularis a me centum, animo novandi, sublata est prior obligatio.

Fiunt quoque novationis duæ species per judicium : prima evenit post litem contestatam, unde regula juris : ante litem dare oportere, post litem condemnari oportere ; secunda post judicis sententiam : tunc enim judicatum facere oportet.

4° Confusione tollitur obligatio quando debitoris obligatio et creditoris jus in eadem coalescunt persona (L. 75, pen. ff. de solut.).

Nemo enim sibi ipsi debere potest. De confusione latius postea disseremus.

5° Compensatio (rem aliquam cum aliqua pensare) est, ut ait Modestinus debiti et crediti mutui inter se contributio.

De hoc liberationis modo sequenti capite tractabimus.

6° Interitu rei, id est rei certæ, quoque tollitur obligatio secundum regulam juris : debitor rei certæ ejus interitu liberatur.

Is modus vero ad solam pertinet speciei, et non generis et quantitatis præstationem. Genus enim et quantitas numquam perire censentur (L. 49, pr. ff. de verb. oblig.).

7° Extinguitur quoque ipso jure obligatio concursu in eamdem personam duarum causarum lucrativarum.

Si res igitur aliena legata fuerit, et ejus vivo testatore legatarius dominus factus fuerit : si quidem ex causa emptionis, ex testamento actione pretium consequi potest; si vero, ex causa lucrativa, veluti ex causa donationis, vel ex alia simili causa, agere non potest. Nam traditum est, duas lucrativas causas in eumdem hominem et in eamdem rem concurrere non posse (Inst. de legatis, § 6).

Modi quibus aliquæ tantum extinguuntur obligationes sunt acceptilatio et mutuus dissensus.

1° Ex principiis Romanorum : nihil tam naturale erat quam eo genere quidquid dissolvi, quo colligatum est, consequebatur ut verborum obligatio verbis tolleretur (L. 35, ff. de reg. jur.); unde acceptilatio.

Acceptilatio quæ ab accepto et ferre nomen ducit, est actus legitimus (L. 17, L. 123, ff. de reg. jur.) quo interrogatione debitoris et congrua creditoris responsione, obligatio per stipulationem contracta dissolvitur (L. 1, ff. de acceptil.) et ita fieri debet : Habes ne acceptum? — Habeo acceptum.

Cum vero acceptilatio ad solas verborum obligationes pertinebat, invenit C. Aquilius Gallus modum etiam alias quam verborum obligationes per acceptilationem perimendi, quæ stipulatio vocatur *Aqui-liana*. Obligatio primum in verborum deducitur obligationem, quæ acceptilatione postea tollitur. Sic composita est formula : «Quidquid te mihi ex quacumque causa dare, facere, oportet, oportebit, præsens in diemve ; quarumque rerum mihi tecum actio, quæque adversus te petitio, vel adversus te persecutio est eritve, quodve tu meum habes, tenes possidesve, dolove malo fecisti quominus possideas : quanti quæ-que earum rerum res erit, tantam pecuniam dari stipulatus est Aulus Agerius, spopondit Numerius Negidius. Item ex diverso Numerius Negidius interrogavit Aulum Agerium : quidquid tibi hodierno die per Aquilianam stipulationem spopondi, id omne habes ne accep-tum ? Respondit Aulus Agerius : Habeo acceptumque tuli (L. 18, § 1, ff. de acceptil. (Inst. L. 11, titre XX, 19, quibus modis oblig. tollitur).

2° Ex regula : nihil esse tam naturale, quam eo genere quidquid dissolvi, quo colligatum est, fluit et mutuus dissensus, qui obligationes nudo consensu contractas dissolvit.

Contractus consensualis mutuo dissensu frangi tantum potest, re ad huc integra, adeoque si, re tradita et soluto pretio, aliud placeat con-trahentibus, non prior obligatio tollitur, sed novus contractus initur.

Quum ex multis variisque causis exceptiones necessariæ sint ad in-firmandam obligationem (Inst. L. 4, tit. XIII § 6), eas tantum enu-merabimus quas referunt Justiniani Institutiones id est : Exceptio metus causa, de dolo malo, composita in factum, non numeratæ pecuniæ, pacti conventi, jurisjurandi et rei judicatæ.

CAPUT SECUNDUM.

De Compensatione.

PROŒMIUM.

Compensatio est, ut supra diximus, debiti et crediti mutui inter se contributio. Unoquoque creditorem suum, eumque debitorem petentem summovente hoc modo, sequitur ut compensatio sit necessaria, qui a interest nostra potius non solvere, quam solutum repetere (L. 16, ff. de compens. frag. 2 et 3).

In bonæ fidei judiciis cum libera potestas permittitur judici ex bono et æquo æstimandi quantum actori restitui debeat, consequitur ut si quid invicem præstare actorem oporteat, eo compensato, in reliquum is, cum quo actum est, debeat condemnari (Gaïus Comm. IV, § 61). Judici vero nulla præcipiebatur formula compensationis rationem habere, sed quia id bonæ fidei judicio conveniens videtur, ideo officio ejus contineri creditur.

In strictis autem judiciis, in quibus adstricta est judicis potestas formulæ, secundum jus priscum, partium conventioni, secundum novum, non locus erat compensationi.

Marcus Aurelius autem censens iniquum in his judiciis repelli utilem compensationem, eam rescripto permisit fieri, opposita doli mali exceptione (Inst. Lib. 4 de act. § 30). Coactus igitur erat actor debitum et creditum ante litis contestationem compensare, si dolo enim petebat quod erat redditurus, a petitione decidebat.

Justinianus tandem sancivit æquissime compensationes, *ipso jure*, et sine doli mali exceptionis ope fieri in omnibus actionibus, nulla differentia in rem, vel personalibus actionibus inter se observanda (L. 4, de comp. 14; Inst. Lib. 4, tit. VI, § 39).

Hæc est ratio ob quam compensationem inter modos quibus ipso jure tollitur obligatio, enumeravimus.

SECTIO PRIMA.

IN QUIBUS CASIBUS FIT COMPENSATIO.

Tres requiruntur ad efficiendam compensationem conditiones :

1º Debet compensatio aperto jure niti.

Ex quo sequitur ut frustra compensare velint ii quorum creditum sit in justum.

Quæcumque per exceptionem perimi possunt in compensationem non veniunt (L. 14, ff. de compens.).

Ex causa judicati solutum repeti non potest, copropter nec compensatio ejus admitti potest (L. 2, C. de compens.).

Ex eadem ratione, si cui petitioni specialiter destinata est compensatio, in cæteris non objici possunt (L. 13, ff. de compens.).

Item compensationi non est locus si creditum mere naturale, id est plane inefficax sit.

Ita quemadmodum quod pupillus sine tutoris auctoritate stipulanti promiserit, si solverit, repetitio est, quia nec natura debet, eodem modo si compensarit, condicere poterit.

2º Compensanda ambo debita et liquida debent esse, et exigi posse.

Compensationes objici jubemus, si causa ex qua compensatur liquida sit, et non multis ambagibus innodata, sed possit judici facilem exitum sui præstare (L. 14, § 1, ff. de compens.).

Quod in diem debetur non compensabitur antequam dies venit quamquam dare oporteat (L. 7, ff. de compens.).

Quum intra diem ad judicati executionem datum judicatus Titio, agit cum eodem Titio, et ipse pridem illi judicatus est, compensatio admittetur, aliud est diem obligationis non venisse, aliud gratia tempus indulgeri (L. 16, § 4, ff. de compens).

Pecuniam certo loco a Titio dari stipulatus sum, si petit a me quam ei debeo pecuniam, hoc quoque pensandum est quantum mihi interfuit certo loco dari.

Ex ea conditione sequitur ut debiti et crediti certam esse æstimationem oporteat. Itaque nec species cum genere, nec genus cum genere diverso, nec delictum cum delicto compensabitur (L. 4, L. 8, L. 12, c. de compens. L. 2, § 1, ff. de reb. cred. L. 2, § 4, L. 13, § 5, ff. ad leg. Jul. de adult. Paul sent., lib. II, tit. V, nº 3).

3º Ut compensationi sit locus eædem personæ invicem creditores et debitores esse debent.

Ejus quod non ei debetur qui convenitur, sed alii. Compensatio fieri non potest (L. 9, C. de compens.).

Creditor compensare non cogitur quod alio quam debitori suo debet, quamvis creditor ejus pro eo, qui convenitur ob debitum proprium velit compensare (L. 18, § 1, ff. de compens.).

Id quod pupillorum nomine, debetur, si tutor petat, non potest compensatio objici ejus pecuniæ, quam ipse tutor suo nomine adversario debet (L. 23, § 2, ff. de compens.).

Ait tamen Pomponius æquissime, ipso jure eo minus fidejussorem ex omni contractu debere, quod ex compensatione retinere reus potest, sicut enim quum totum peto a reo, male peto, ita et fidejussor non tenetur, ipso jure in majorem quantitatem quam reus condemnari potest (L. 4, ff. de compens.; L. 5, ff. eod. tit.).

Non oportet ad efficiendam compensationem ut ex eadem causa procedant debitum et creditum : compensatio debiti ex pari specie, et ex causa dispari admittitur, velut si pecuniam tibi debeam, et tu mihi pecuniam debeas, aut frumentum, aut cætera hujus modi, licet ex diverso contractu, compensare vel deducere debes (Paul sent. 2, 5, § 3).

Si tamen in Institutis, de actionibus ea legimus verba: (habita ratione ejus quod invicem actorem *ex eadem causa* præstare oportet), hujus erroris facile explicabitur causa. Cum enim admittebatur, jure prisco, tantum in bonæ fidei judiciis compensatio, in quibus ordinarie duæ obligationes ex *eodem contractu procedebant*, et judex *ad unam et tantam judicandam causam* addicebatur, ea conditio postea cadere debuit cum latius introducta fuisset compensatio.

Compensationi in causa fiscali locus est, si eadem statio quid debeat quæ petit (L. 1, C. de compens.).

Etiam quod natura debetur venit in compensationem, dummodo per exceptionem non perimatur.

SECTIO SECUNDA.

EFFECTUS COMPENSATIONIS.

Compensatio est instar solutionis, unde sequitur ut:

1° Ex quo momento mutuum debitum notum est, tunc vel utrumque exspiret, vel alterutrum ad concurrentem summam ipso jure minuatur;

2° Cum alter alteri pecuniam sine usuris, alter usurariam debet, concurrentis apud utrumque quantitatis usuræ non sint præstandæ;

3° Pignora et hypothecæ extinguantur;

4° Compensato eo quod reo debetur, fidejussor et liberetur;

5° Invicem debiti compensatione habita, si quid amplius debet, solvens, vel accipere creditore nolente offerens, et consignatum deponens, de pignoribus agere possit debitor (L. 12, C. de compens.);

6° Si debet aliquis decem millia aut hominem utrum adversarius volet, compensatio hujus debiti admittatur, si adversarius palam dixisset utrum voluisset (L. 23, ff. de compens.).

SECTIO TERTIA.

IN QUIBUS CASIBUS COMPENSATIO NON ADMITTITUR.

Vidimus supra compensatione omnes actiones minui, sive in rem, sive in personam, sive alias quascumque, compensatio tamen non fit:

1° Si creditum sit injustum, sicut jam diximus;

2° Si creditor obligationem quamdam contraxerit, sub conditione ut compensationi opponendæ renuntiaverit;

3° In his quæ reipublicæ debentur ex kalendario, ex vectigalibus, ex frumenti vel olei publici, vel tributorum, vel alimentorum, aut quæ statutis sumptibus servit, pecunia (L. 3, C. de compens.).

Adversus fiscum etiam emptores petitioni pretii compensationem objicere prohibentur (L. 7, C. de compens.);

4° In causa depositi, ne sub prætextu compensationis, depositarum rerum quis exactione defraudetur (Inst. de act., § 30);

5° In causa restitutionis rerum quas aliquis perperam detinet, spoliatus enim ante omnia restituendus.

CAPUT TERTIUM.

De confusione.

SECTIO PRIMA.

IN QUIBUS CASIBUS CONFUSIO FIT, VEL NON.

Confusione tollitur obligatio quum quis debitor et creditor ejusdem veniat obligationis, nemo enim ipse sibi debere potest, ideoque dicitur : hoc modo eximi potius personam ab obligatione, quam extingui obligationem.

Videamus nunc in quibus casibus confusioni locus sit, vel non.

1° Si creditor debitoris fit hæres, vel debitor creditoris, confundi obligationem totalier, si unus demum extat hæres, pro parte tantum si sint plures, manifestum est.

2° Si fidejussor reum hæredem scripserit confundetur obligatio (L. 93, § 3, ff. de solut.).

3° Si fidejussor debitori hæres extitit, ex causa fidejussionis liberatur, quoties rei plenior promittendi obligatio invenitur. E contrario non tollitur fidejussoris obligatio, si debitor propriam et personalem habuit defensionem (L. 93, § 3, ff. de solut.).

Qui pro aliqua persona apud creditorem fidejussit, et pignus in suam obligationem dedit, et postea camdem personam hæredem instituit : hæres, quamvis ex fidejussoria causa non teneatur, nihilominus tamen pignus obligatum manebit.

4° Si fidejussor hæres extitit creditori, vel creditor fidejussori, tollitur fidejussionis obligatio.

5° Quum duo rei promittendi sint et alteri hæres extitit creditor, aditione hæreditatis confusione obligationis eximitur persona.(L. 71, ff. de fidej. 46, 1).

6° Si reus promittendi extiterit hæres rei promittendi duas species obligationis sustinebit; item si reus stipulandi extiterit hæres rei stipulandi duas species sustinebit obligationis.

Nam ubi aliqua differentia est obligationum potest constitui alteram per alteram perimi; quum vero duæ ejusdem sint potestatis non potest reperiri cur altera potius quam altera consumeretur (L. 5, ff. de fidej. 46, 1).

7° Eadem ratione si fidejussor alter, alteri fidejussori hæres extiterit non confundetur obligatio (L. 21, ff. de fidej. 46, 1).

8° Si fiscus tam creditoris quam debitoris fit hæres, tollitur fidejussoris obligatio, quia non potest pro eodem apud eumdem quis fidejussorem esse.

SECTIO SECUNDA.

IN QUIBUS CASIBUS CONFUSIONIS CESSANT EFFECTUS.

Cessant confusionis effectus, quum desinunt debitoris obligatio et creditoris jus in eadem coalescere persona.

Ita pupillis, quos placuit oneribus hæreditariis esse liberandos, confusas actiones restitui, oportet (L. 29, tit. II. L. 87, § 1).

Item, evicta hæreditate per inofficiosi querelam, testamenti, ab eo qui hæres institutus esset perinde omnia observari ac si hæreditas adita non fuisset, oportet; et ideo petitio integra debiti hæredi instituto adversus eum qui superavit competit, et compensatio (L. 21, §. ult. de inof. test.).

Hæredi, qui ob causam indignitatis ab hæreditate jam possessa destitutus est, non restituuntur tamen actiones, quæ confusione extinctæ erant; propter dolum enim punitur.

DROIT CIVIL FRANÇAIS.

Des différents modes d'extinction des obligations en général, de la compensation et de la confusion en particulier. (Art. 1234, 1289 à 1301, Cod. Nap.)

GÉNÉRALITÉS.

Les obligations s'éteignent :

1° Par le paiement, 2° par la novation, 3° par la remise volontaire de la dette, 4° par la compensation, 5° par la confusion, 6° par la survenance d'un empêchement qui rend impossible l'accomplissement de l'obligation, 7° par la nullité ou la rescision prononcée en justice, 8° par l'effet de la condition résolutoire, 9° par l'expiration du temps pour lequel l'obligation a été formée.

Nous n'avons pas, à l'exemple des rédacteurs du Code, compris, dans notre énumération des modes d'extinction des obligations, la prescription ; on a fait remarquer avec beaucoup de raison que le moyen qui en résulte agit plutôt sur le droit d'action que sur la créance elle-même, le juge ne pouvant en effet, aux termes de l'art. 2223 du Code Napoléon le suppléer d'office, il faut conclure que l'obligation prescrite n'en subsiste pas moins, tant que la prescription n'a pas été opposée. Comme Pothier, nous rangerons donc la prescription au nombre des fins de non-recevoir, qui n'éteignent pas la créance, mais la rendent seulement inefficace, en empêchant le créancier d'intenter valablement son action.

Enfin nous avons cité comme mode d'extinction des obligations l'expiration du temps pour lequel l'obligation a été formée; car, bien que régulièrement un certain laps de temps n'éteigne pas les obligations, on peut cependant valablement convenir que l'on ne sera obligé que jusqu'à une certaine époque.

Le Code civil n'admet comme mode d'extinction ni la mort du créancier, ni celle du débiteur; si ces deux circonstances entraînent dans certains cas la résolution des obligations qui ont pour objet quelque chose de personnel au créancier ou au débiteur, ces faits exceptionnels doivent être interprétés restrictivement, d'après la règle : *Exceptio firmat regulam in casibus non exceptis.*

Nous allons passer rapidement en revue les neuf modes d'extinction des obligations, avant d'aborder l'objet spécial de ce travail.

PREMIÈRE PARTIE.

Des modes d'extinction des obligations en général.

1° Le paiement est l'accomplissement de la prestation qui forme la matière de l'obligation. Il peut être fait ou par le débiteur, ou par un tiers intéressé à l'extinction de l'obligation, ou même par un tiers non intéressé à l'extinction, et agissant soit au nom du débiteur, comme mandataire ou gérant d'affaire de ce dernier, soit en son propre nom. Enfin le paiement doit être fait au créancier lui-même, et comprendre la prestation de ce qui est dans l'obligation, et non une autre.

2° La novation volontaire est la transformation contractuelle d'une obligation en une autre : *Veteris obligationis in novam translatio et confusio.* Elle s'opère de trois manières (art. 1271) :

1° Lorsque le débiteur contracte envers son créancier une nouvelle dette, qui est substituée à l'ancienne qui est éteinte. Cet acte s'appelle simplement novation, et se fait sans l'intervention d'aucune nouvelle personne.

2° La novation s'opère par l'intervention d'une tierce personne : «lorsqu'un nouveau débiteur est substitué à l'ancien qui est déchargé» (art. 1271.) Exemple : Voulant rendre service à un ami, que je sais hors d'état de payer une dette d'honneur, mais n'ayant pas moi-même d'argent pour payer, j'offre au créancier de le payer dans un mois, s'il veut libérer mon ami; s'il y consent, l'ancienne obligation est éteinte par la substitution de la nouvelle.

Cette novation peut s'opérer sans le concours du premier débiteur.

Les jurisconsultes romains appelaient *expromissio* cette espèce de novation, et *expromissor* celui qui se rend débiteur pour un autre.

3° La troisième espèce de novation se présente : «lorsque, par l'effet d'un nouvel engagement, un nouveau créancier est substitué à l'ancien, envers lequel le débiteur se trouve déchargé» (art. 1271, n° 3). Le nouvel engagement que le débiteur contracte envers son nouveau créancier doit avoir un autre objet que la première obligation, car s'il avait le même, il ne produirait point d'autre effet que la cession de créance, qui substitue bien un créancier à un autre, mais non une nouvelle obligation à une ancienne.

3° La remise volontaire de la dette est une espèce de renonciation par suite de laquelle le créancier remet au débiteur le titre original de l'obligation, que ce titre soit sous seing privé ou authentique. Elle peut même être présumée sauf preuve contraire.

Ce mode produit le même effet que le paiement, non-seulement au profit de celui auquel remise a été faite, mais encore en faveur des cautions et des autres codébiteurs solidaires.

4° La compensation est l'extinction totale ou partielle de deux obligations qui se soldent mutuellement jusqu'à concurrence de leurs quotités respectives, à raison de la circonstance que le créancier et le débiteur de l'une se trouvent être en même temps créancier et débiteur de l'autre (Zachariæ, § 1325).

5° La confusion, considérée comme mode d'extinction des obligations, est la réunion ou le concours dans la même personne des qualités de créancier et de débiteur d'une seule et même obligation (art. 325).

Nous réservons l'explication plus étendue de ces deux modes d'extinction pour la suite de ce travail.

6° La survenance d'un empêchement qui rend impossible l'accomplissement de l'obligation. L'obligation s'éteint lorsque la prestation, qui en forme la matière, devient physiquement ou légalement impossible. Ce principe s'applique aux obligations de faire, aussi bien qu'aux obligations de donner: c'est pourquoi nous avons donné à ce mode d'extinction un titre plus général que celui de l'art. 1234.

Si l'impossibité de fournir la prestation n'est en rien imputable au débiteur, celui-ci est pleinement libéré envers le créancier ; l'obligation s'éteint également lorsqu'il y a faute du débiteur, ou que celui-ci s'est chargé des cas fortuits, mais pour faire place à une dette de dommages-intérêts.

7° L'action en nullité et l'action en rescision sont des voies juridiques par lesquelles on demande ou l'annulation d'une obligation qui ne réunit pas toutes les conditions requises sous peine de nullité, ou la résolution d'une obligation, d'ailleurs valable en elle-même, mais par suite de laquelle on a éprouvé quelque lésion. Toute nullité littérale ou virtuelle, dont une obligation est entachée, donne ouverture à une action en nullité; tandis que l'action en rescision, envisagée comme moyen résolutoire de l'obligation, est spécialement attribuée à certaines personnes telles que les mineurs. Ces obligations remettent les choses dans l'état où elles étaient avant la formation de l'obligation.

8° L'effet de la condition résolutoire. Il nous suffira de transcrire l'art. 1183 du Code Napoléon pour définir ce mode d'extinction des obligations :

Art. 1183. La condition résolutoire est celle qui, lorsqu'elle s'accomplit, opère la révocation de l'obligation , et qui remet les choses au même état que si l'obligation n'avait pas existé. — Elle ne suspend point l'exécution de l'obligation; elle oblige seulement le créancier à restituer ce qu'il a reçu, dans le cas où l'événement prévu par la condition arrive.

9° L'expiration du temps pour lequel l'obligation a été formée. C'est de cette manière que s'éteignent à l'expiration du délai fixé par la convention les obligations résultant des contrats de bail, de mandat, de société, etc. etc.

DEUXIÈME PARTIE.

De la compensation.

La compensation est, comme nous venons de le dire, l'extinction totale ou partielle de deux obligations, qui se soldent mutuellement jusqu'à concurrence de leurs quotités respectives, à raison de la circonstance que le créancier et le débiteur de l'une se trouvent en même temps créancier et débiteur de l'autre.

L'origine du mot compensation (*pensare rem aliquam cum aliqua*) remonte à l'usage admis avant l'invention de la monnaie de peser dans une balance les métaux qu'on adoptait pour mesure commune de la valeur des choses, et dont aucun signe public n'attestait encore la pureté.

«Lorsque deux personnes se trouvent débitrices l'une envers l'autre, «il s'opère entre elles une compensation qui éteint les deux dettes», dit l'art. 1289.

L'idée naturelle de la compensation ressort de la manière même dont s'exprime notre article. Cette institution est évidemment équitable; car il vaut mieux se payer par rétentiou que de donner une somme pour la redemander ensuite : *Interest nostra potius non solvere quam solutum repetere.* Aussi la loi suppose-t-elle toujours au créancier et au débiteur la volonté de compenser ce qu'ils se doivent réciproquement, et élevant cette présomption à la hauteur d'une disposition impérative, elle décide que toutes les fois que deux personnes se trouvent créancières et débitrices l'une de l'autre, il s'établit entre elles, de plein droit, même à leur insu, une compensation qui éteint réciproquement les deux dettes à l'instant précis où elles se trouvent exister à la fois, et jusqu'à concurrence de leurs quotités respectives (art. 1289, 1290).

Il est néanmoins des cas où la compensation ne peut s'opérer de plein droit par la seule force de la loi, et où par conséquent elle ne produit son effet que du jour où elle a été proposée par voie d'exception, ou même par voie d'action réciproque et reconventionnelle. Nous distinguerons donc trois espèces de compensation : 1° celle qui produit son effet *ipso jure*, que nous nommerons compensation légale, 2° l'autre qui s'opère par suite d'une exception que propose celle des parties dans l'intérêt de laquelle la loi a rejeté la compensation légale, et que nous appellerons avec quelques auteurs compensation facultative; 3° la troisième, ou compensation judiciaire, à laquelle peut donner lieu une demande reconventionnelle que forme celle des parties dont la créance ne réunit pas encore toutes les conditions requises pour la compensation légale.

CHAPITRE PREMIER.

De la compensation légale.

SECTION Iʳᵉ.

NOTIONS HISTORIQUES.

La compensation de liquide à liquide n'était primitivement admise en Droit romain que dans les actions appelées *bonæ fidei judicia*. Un rescrit de Marc Aurèle permit au défendeur de faire admettre la compensation, même dans les actions de droit strict, au moyen de l'exception du dol.

Mais Justinien, donnant, comme il le dit lui-même (L. ult. prœ. et § 1 et 2, de compens.), une plus grande extension à la compensation, ordonna qu'elle eût lieu pour toutes espèces d'actions personnelles, réelles ou autres, à l'exception de l'action de dépôt.

En France, le vain prétexte que les juridictions étaient patrimoniales empêcha même d'admettre la compensation légale de liquide à liquide, quoique fondée sur une équité évidente. On tenait pour maxime : Une dette n'empêche pas l'autre. Compensation n'a point lieu en cour laye (coutume de Lorris, titre 21, art. 10).

On sentit bientôt la rigueur de ce principe, et les rois, pour l'affaiblir, firent délivrer par leurs chancelleries des lettres de compensation [1].

Enfin la doctrine de la compensation prévalut dans l'art. 74 de la coutume de Paris, réformée en 1510. La compensation, y était-il dit, n'a point lieu, si ce n'est d'une dette claire et liquide à une autre pareillement claire et liquide.

---

1. Bouteiller, Somme rurale, titre XXVII.

L'art. 105 de la coutume de Paris de 1580, conçu en ces termes : «Compensation a lieu d'une dette liquide à une autre pareillement claire et liquide, et non autrement,» consacra d'une manière définitive l'admission de la compensation.

SECTION II.

CONDITIONS REQUISES POUR L'ACCOMPLISSEMENT DE LA COMPENSATION LÉGALE.

Pour que deux dettes puissent être compensées de plein droit, par la seule force de la loi, quatre choses sont nécessaires : il faut 1° que les dettes aient pour objet une somme d'argent ou de choses fongibles de la même espèce ; 2° qu'elles soient liquides l'une et l'autre ; 3° qu'elles soient également exigibles ; 4° que le créancier de chaque dette soit débiteur principal et personnel.

Nous allons examiner séparément chacune de ces quatre conditions.

Première condition : Aux termes de l'art. 1243 du Code Napoléon, le créancier ne peut être contraint de recevoir une autre chose que celle qui lui est due, *aliud pro alio, invito creditori, solvi non potest*[1] ; la compensation étant un véritable paiement (*instar solutionis*), la première condition requise pour son accomplissement est l'identité dans les choses réciproquement dues. Par application de ce principe, l'art. 1291 porte : «La compensation n'a lieu qu'entre deux dettes qui ont également pour objet une somme d'argent ou une certaine quantité de choses fongibles de la même espèce et qui sont également liquides et exigibles.»

Cependant lorsqu'une chose, quoique fongible de sa nature, est due comme corps certain et déterminé, cette dette n'est pas susceptible de compensation avec celle d'une autre chose fongible *in genere*. Vous m'avez vendu six tonneaux de vin, de tel crû de Médoc ; je recueille la succession de mon père qui vous avait vendu six tonneaux

---

1. L. 2, § 1 ff. de Reb. cred. 12, 4.

de vin de Médoc; vous ne pouvez obtenir la compensation de votre dette avec la mienne, ce serait me forcer à recevoir une chose au lieu d'une autre (art. 1291).

Il est un cas néanmoins où la dette d'un corps certain et déterminé pourrait être susceptible de compensation ; car, si j'étais votre créancier d'une part indivise d'un corps certain, *puta*, si vous m'aviez vendu une part indivise que vous aviez dans un certain héritage, et qu'avant que vous me l'eussiez livré, je fusse devenu l'héritier d'une personne qui était votre débiteur d'une autre part indivise dans le même héritage, vous pourriez opposer contre la dette de la part de cet héritage dont vous êtes tenu envers moi la compensation de la dette d'une part dans le même héritage dont je suis tenu envers vous[1].

Nous avons vu plus haut que la dette d'une chose fongible de sa nature due comme corps certain et déterminé n'est point susceptible de compensation avec celle d'une autre chose fongible *in genere*; au contraire, la dette d'une chose indéterminée d'une certaine espèce, quoique non fongible, est susceptible de compensation légale avec une autre dette de la même nature, par exemple, si je vous ai vendu un cheval *indeterminate*, et qu'ensuite vous deveniez l'unique héritier d'une personne qui m'a légué un cheval, sans déterminer l'individu, il est évident que ces deux dettes se compensent de plein droit.

Hors ces cas infiniment rares, dit M. Toullier, la dette d'un corps certain ne se compense point avec la dette d'un autre corps certain, ni la dette d'une chose d'une certaine espèce avec celle d'une chose d'une autre espèce.

Cependant la compensation peut aussi s'opérer entre la dette d'une somme d'argent et celle d'une certaine quantité de choses fongibles, qui, sans avoir le cours de la monnaie, peuvent cependant être tarifées, comme les marchandises taxées par les mercuriales (art 1291, § 2). Il ressort des termes de cet article que si le prix des denrées

1. Pothier, 624, 5e alinéa.

n'était pas taxé par les mercuriales, il n'y aurait pas lieu à la compensation.

Notre article ne peut, en ce qui concerne une rente de grains, s'appliquer qu'aux arrérages échus et non aux arrérages de la dernière année, qui, étant toujours payables en nature, constituent une dette de corps certain non susceptible de compensation (art. 129, C. de procéd. civ.).

Vous me devez une somme de trois cents francs, je suis votre débiteur des arrérages de deux années arriérées d'une rente de cinquante mesures de froment (que je puis vous payer en argent). La quotité de votre dette est déterminée et connue, celle de la mienne peut l'être aussi, parce que la valeur des cinquante mesures de froment est fixée dans des registres publics que chacun peut consulter; nos deux dettes pourront donc se compenser.

Mais les prestations en grains ou denrées ne peuvent se compenser qu'avec des sommes d'argent, et non avec des prestations de grains ou denrées d'une autre espèce ou qualité, lors même que le prix en serait réglé par les mercuriales : *Exceptiones sunt strictissimæ interpretationis*[1].

Enfin, nous ferons remarquer que les expressions : peuvent se compenser, de l'art. 1291, ne signifient pas que les parties aient la faculté d'opposer ou non la compensation, elles indiquent une exception au principe précédemment établi[2].

Deuxième condition : Les deux dettes à compenser doivent être liquides.

Une dette est liquide lorsque l'existence en est certaine et la quotité déterminée: *cum certum est an et quantum debeatur*. Une dette contestée n'est donc pas liquide et ne peut être admise comme susceptible d'entrer en compensation, à moins cependant que celui qui l'oppose n'ait

1. Zachariæ, § 326, note 6.
2. Zachariæ , § 326 , note 5.

en main la preuve de la dette contestée et ne soit ainsi en état d'en
justifier promptement. Celte restriction a pour but d'écarter les pré-
textes que la mauvaise foi soulèverait contre une compensation équitable.

En exigeant que les deux dettes soient également liquides, la loi ne
demande cependant pas qu'elles soient reconnues, dit M. Jaubert,
dans son rapport au tribunat.

Une dette d'ailleurs certaine, mais dont la quotité dépend d'un rè-
glement de compte ou d'une estimation n'est pas non plus liquide.
Cependant le juge, devant lequel un débiteur est assigné en paiement
d'une dette liquide, peut, sur la demande reconventionnelle formée
par ce dernier en paiement d'une dette, dont la quotité non encore
fixée est susceptible d'une liquidation facile, surseoir à statuer sur la
demande principale, jusqu'à ce que la demande reconventionnelle soit
en état[1].

Troisième condition : Les deux dettes doivent être également exigibles.

Une dette exigible est celle dont le paiement peut être demandé
efficacement, et à raison de laquelle le créancier peut contraindre le
débiteur récalcitrant.

L'art. 1186 du Code Napoléon dispose que ce qui n'est dû qu'à
terme ne peut être exigé avant l'échéance du terme, la compensation
étant un véritable paiement, le débiteur d'une dette à terme ne serait
point tenu d'admettre la compensation d'une créance exigible.

En vertu de ce principe, une obligation naturelle, une dette prescrite, une obligation conditionnelle, tant qu'elle est en suspens, ne
sont point susceptibles d'entrer en compensation.

Certains auteurs enseignent qu'on ne peut également fonder la
compensation sur une obligation sujette à annulation ou à rescision.

Nous ne pouvons nous associer à cette opinion, par la raison qu'une

---

1. Zachariæ, § 326, texte et note 10.

obligation sujette à annulation ou à rescision n'en est pas moins réputée valable tant que la nullité ou la rescision n'en a pas été prononcée. Du reste, admettre cette règle, ne serait-ce pas donner une arme trop facile et trop dangereuse à la chicane, qui, en désespoir de cause, cherche si souvent à prolonger un mauvais procès?

La loi n'accordant aucune action pour une dette de jeu (art. 1965, C. Nap.), une dette de cette nature, quoiqu'échue, ne peut être compensée.

Le créancier d'une obligation résolutoire peut la compenser avec ses dettes pures et simples, puisqu'il a le droit d'en exiger le paiement, nonobstant la condition qui y est apposée.

L'exigibilité résultant de la faillite ne peut jamais entraîner de compensation; la raison en est qu'au même instant où la dette non encore échuc devient exigible par suite du jugement déclaratif de faillite, le paiement ne peut plus en avoir lieu au préjudice des droits acquis aux créanciers du failli, dont le sort est irrévocablement fixé (C. de comm., art. 446, al. 3).

Quant à la déchéance du bénéfice du terme, fondée sur la déconfiture ou sur la circonstance que le débiteur a diminué par son fait les sûretés données par le contrat au créancier (art. 1188, Code Nap.), elle ne rend la créance exigible, et par suite susceptible d'entrer en compensation, qu'à partir du jugement qui prononce cette déchéance [1].

Le terme de grâce ne forme point obstacle à la compensation. Le bénéfice du terme est, en effet, accordé au débiteur, à raison de l'impossibilité dans laquelle il se trouve de payer; le terme doit naturellement expirer, lorsque cette impossibilité cesse par la compensation (art. 1292 et 1244, C. Nap.).

Quatrième condition : Pour opérer la compensation légale, il faut que les créances et les dettes à compenser soient personnelles à celui

1. Zachariæ, § 326, n° 3.

qui oppose ou à qui est opposée la compensation. *Ejus quod non ei debetur, qui convenitur, sed alii, compensatio fieri non potest*[1].

La compensation de ce que je dois à mon créancier personnel ne peut donc se faire avec ce qu'il doit à mes enfants, aux mineurs dont je suis le tuteur, à ma femme séparée de biens ou dont les créances sont exclues de la communauté.

Pothier, examinant à cet égard la question soulevée par Papinien et par Barbeyrac de savoir : si Primus, créancier de Secundus et débiteur de Tertius, serait obligé d'accepter la compensation de ce qu'il doit à Tertius, dans le cas où celui-ci interviendrait et offrirait de compenser pour Secundus ce qui lui est dû, résout la difficulté par une distinction :

Si la somme que Primus doit à Tertius, dit-il, est égale à celle qui lui est due par Secundus, Primus ne pourra se dispenser de la compensation. Mais si le chiffre de la dette de Primus envers Tertius est moindre que la quotité des prétentions de Primus contre Secundus, Primus ne sera tenu d'accepter la compensation offerte, à moins que Secundus ne s'oblige en même temps à lui payer le surplus de sa dette. Cette décision repose sur le principe que personne n'est tenu de recevoir un paiement partiel.

Par exception au principe que nous avons établi plus haut, la caution peut, indépendamment de ses droits personnels, opposer la compensation de tout ce que le créancier doit au débiteur principal (art. 1294, § 1). Car la caution peut opposer au créancier toutes les exceptions qui appartiennent au débiteur principal, et qui sont inhérentes à la dette (art. 2036, C. Nap.).

M. Toullier se demande ce qu'il en serait si la caution s'était obligée solidairement avec le débiteur principal ; la disposition de l'art. 2036 lui fait décider que la caution jouirait du bénéfice qui lui est conféré par l'art. 1294.

1. L. 9 Code de compens. 4. 31.

Mais le débiteur principal ne peut opposer la compensation de ce que le créancier doit à la caution (art. 1294, al. 2). Cette disposition, fondée sur ce que la compensation n'existe que lorsqu'elle a été opposée par la caution, n'enlève pas au débiteur principal le droit de s'en prévaloir lorsqu'elle s'est une fois opérée.

Le débiteur solidaire peut évidemment, quoiqu'il ne doive de son chef qu'une partie de la dette commune, opposer la compensation de ce qui lui est dû avec la totalité de la créance pour le paiement de laquelle il est poursuivi. Mais il ne peut, suivant la disposition finale de l'art. 1294, opposer la compensation de ce que le créancier doit à son codébiteur. Cette disposition a été vivement critiquée comme contraire à l'équité. Comment, a-t-on dit, l'art. 1200 du Code Napoléon porte expressément que le paiement fait par un des codébiteurs libère tous les autres, et, au mépris de cette disposition, le créancier, dont les droits sont éteints par la compensation (*instar solutionis*) qui a eu lieu entre lui et un des codébiteurs solidaires, pourra cependant injustement réclamer sa créance aux autres coobligés?

Voici-comment on a cherché à expliquer cette disposition : «Si les codébiteurs étaient admis à se prévaloir de la compensation opérée du chef de l'un d'eux, ce dernier se verrait contre son gré, et sans le fait du créancier, obligé de les accepter pour débiteurs, jusqu'à concurrence de la part pour laquelle il aurait un recours à exercer contre chacun d'eux, et se trouverait ainsi dans la fâcheuse nécessité de les poursuivre. Or, il ne doit pas dépendre de l'un des débiteurs de placer son codébiteur dans une pareille situation [1].»

Cette explication ne peut évidemment s'appliquer qu'au cas où la compensation opérée du chef de l'un des codébiteurs solidaires éteindrait la totalité de la dette, ou du moins la portion excédant la part de ce codébiteur dans la dette commune. Mais si la portion de dette seule de ce codébiteur se trouvait éteinte par la compensation, nous

1. Zachariæ, § 298, note 36.

croyons qu'il serait inéquitable de refuser aux autres coobligés le bénéfice de l'exception de la compensation.

Nous croyons donc avec M. Toullier qu'il serait bon de corriger le texte du troisième alinéa de notre art. 1294, par l'addition des mots : *si ce n'est pour la portion de ce débiteur.*

La société constitue une personne morale indépendante de la personne naturelle de chaque associé ; les créances de la société ne peuvent donc être compensées avec les dettes qu'un associé aurait contractées pour son propre compte.

L'héritier se trouvant, dès l'instant du décès, investi par la saisine de tous les droits actifs et passifs du défunt, il est évident que dès ce moment la compensation de ce qui est dû au défunt avec ce qui est dû par l'héritier s'opère de plein droit, et *vice versa.*

Il n'en est pas de même à l'égard de l'héritier bénéficiaire, dont le patrimoine reste distinct de celui du défunt (art. 802). Néanmoins, la disposition qui empêche la confusion des droits de l'héritier bénéficiaire avec ceux de la succession n'étant établie qu'en faveur de l'héritier bénéficiaire, celui-ci pourra y renoncer, et opposer la compensation de son crédit personnel avec ce qui est dû à son débiteur par la succession, au moyen de quoi il se trouvera subrogé *ipso jure* dans les droits de celui-ci envers la succession (art. 1251, n° 4).

Le débiteur d'une succession bénéficiaire peut-il compenser ce qu'il doit avec ce qui lui est dû, lorsque la compensation ne s'est point opérée avant l'ouverture de la succession ?

M. Toullier répond à cette question que s'il y avait des créanciers opposants, le débiteur serait obligé de payer, sauf à se faire payer lui-même de la manière réglée par le juge ; s'il n'y avait point de créanciers opposants, il pourrait valablement contraindre l'héritier à compenser sa dette avec sa créance, «celui-ci étant tenu de payer les créanciers à mesure qu'ils se présentent» (art. 808, C. Nap.).

La même distinction est applicable à l'héritier bénéficiaire, créancier et débiteur de la succession ; s'il n'y a point de créanciers opposants, il peut demander la compensation de sa créance et de sa dette; seulement comme cette compensation ne peut s'opérer de plein droit, il doit, pour l'obtenir, en diriger la demande contre ses cohéritiers ou contre un curateur au bénéfice d'inventaire.

La compensation opérée même à son insu, en faveur de celui qui est en même temps créancier et débiteur du failli, conserve tout son effet après la faillite ; mais la compensation n'est point admise en faveur de celui qui, étant créancier du failli, avant la déclaration de faillite, est devenu depuis son débiteur, et *vice versa*, car cette compensation porterait préjudice aux droits acquis par les autres créanciers (art. 1298, C. Nap.).

La compensation pourrait néanmoins s'opérer depuis la faillite, si avant son ouverture le failli était, sans fraude et par un acte dont la date serait certaine, convenu qu'une créance exigible serait compensée avec une dette non encore exigible au moment de son échéance ; parce qu'alors le droit de compenser serait acquis antérieurement à la faillite.

La compensation pourrait encore avoir lieu entre les fermages dus au failli et le prix des réparations nécessaires ou des améliorations que le locataire aurait faites sur les immeubles du failli, car les créanciers profiteraient de l'augmentation de valeur apportée à leur gage commun par le locataire. *Nemo cum damno alterius locupletari potest.*

Art. 1296 : « Lorsque les deux dettes ne sont pas payables au même lieu, on n'en peut opposer la compensation qu'en faisant raison des frais de la remise. »

Cette disposition, fondée sur l'avantage de la compensation, n'a pas besoin de commentaire.

SECTION III.

CAS OÙ LA COMPENSATION N'EST POINT ADMISE.

La compensation a lieu quelles que soient les causes de l'une ou l'autre des dettes. *Compensatio debiti ex pari speci, licet ex causa dispari, admittitur* [1].

L'art. 1298 excepte cependant plusieurs cas où elle n'est point admise; nous allons les passer successivement en revue :

1º La compensation n'a pas lieu lorsqu'il s'agit de la demande d'une chose dont le propriétaire a été injustement dépouillé; en effet, personne ne peut se rendre justice à soi-même : *spoliatus ante omnia restituendus.*

2º La seconde exception est relative à la demande en restitution d'un dépôt et du prêt à usage (art. 1293, § 2).

In causa depositi compensationi locus non est [2].

On s'est étonné de cette disposition de la loi. L'art. 1932, dit-on, impose au dépositaire l'obligation de rendre identiquement la chose même qu'il a reçue; sa dette est donc d'un corps certain et déterminé, non d'une chose fongible, et ne peut en conséquence être compensée.

Pothier explique le texte de Paul sur lequel repose cette partie de l'art. 1293, en enseignant qu'il s'applique principalement au dépôt irrégulier, par lequel on donne en garde à quelqu'un une somme d'argent pour la mêler avec d'autres sommes qui sont déposées par d'autres personnes et rendre, non les mêmes espèces, mais la même somme.

L'exception qui concerne le prêt à usage a été plus vivement critiquée encore. Ici, en effet, il ne peut être question du caractère de

1. Paul, Sent. lib. 2, tit. 5, nº 3.
2. Paul, Sent. 11, 12, 13.

fongibilité; l'emprunteur doit rendre le même objet identiquement (art. 1875, C. Nap.). Si les choses prêtées avaient été consommées à charge d'en restituer d'autres de même nature, la compensation pourrait avoir lieu, mais ce ne serait plus alors un prêt à usage, ce serait un *mutuum,* un prêt de consommation. La compensation est donc impossible pour le prêt à usage, et le cas posé par notre article n'est pas exceptionnel, mais impossible.

M. Toullier a cherché à justifier les rédacteurs du Code, en observant que les choses fongibles peuvent être quelquefois l'objet d'un prêt à usage, lorsque l'usage pour lequel elles sont prêtées n'en opère point la consommation; il en donne pour exemple le cas où un officier ministériel, chargé de faire des offres réelles qu'il sait devoir être refusées, emprunte une somme pour réaliser les offres, et la rendre après le refus. Cette explication n'est pas admissible, car, dans l'exemple cité par notre auteur, une somme d'argent, prêtée *ad pompam et ostentationem,* n'est pas une chose fongible.

M. Delvincourt pense que cette disposition ne peut s'appliquer qu'au cas où la chose prêtée ayant péri par la faute du commodataire ou de l'emprunteur, il est obligé d'en rendre la valeur en argent. Mais notre article ne parle que de la demande en restitution du prêt à usage, et non de la demande en dommages-intérêts contre l'emprunteur, qui a laissé périr la chose prêtée, ce qui est tout différent. M. Delvincourt l'a fort bien vu : aussi ne s'est-il déterminé à faire à cette dernière demande l'application de l'art. 1293, n° 2, que par la nécessité où il croyait être de donner un sens au texte de la loi [1].

Nous croyons donc que cette disposition est au moins inutile.

3° L'art. 1293 fait une troisième exception de la compensation, dans le cas d'une dette qui a pour cause des aliments déclarés insaisissables.

Nous croyons qu'il faut étendre cette disposition à toute dette insaisissable.

1. Toullier, § 7, 383.

La raison de cette exception est facile à concevoir; la clause qui déclare la dette insaisissable empêche qu'elle ne puisse être employée au paiement de ce qui est dû à des tiers créanciers; elle empêche également que cette somme ne puisse, par le même moyen de la compensation, être employée au paiement de ce qui est dû à celui qui en est le débiteur.

A ces trois exceptions énumérées dans l'art. 1293, il faut en ajouter deux autres dont le Code ne parle pas.

La première concerne les contributions dues à l'Etat, à l'égard desquelles la compensation n'est jamais admise par des raisons de nécessité sociale : *ne monumenta censuum interturbarentur* [1] (Cïv. cass. 11 mai 1807. Solution de la régie du 10 juin 1831).

Le second cas de non-compensation résulte de la convention des parties. Le bénéfice de compenser leurs dettes mutuelles n'étant qu'un avantage d'intérêt privé, l'ordre public ne s'oppose pas à ce que les contractants puissent y renoncer. Nous trouvons même un exemple de renonciation tacite dans l'art. 1295.

SECTION IV.

DE LA MANIÈRE DONT S'OPÈRE LA COMPENSATION ET DE SES EFFETS.

Nous avons dit que la compensation s'opérait de plein droit à l'insu même des débiteurs, éteignant, du jour où les parties sont devenues réciproquement créancières et débitrices, les deux dettes jusqu'à concurrence de leurs quotités respectives; il en résulte :

1° Que si l'une des créances produisait des intérêts, ils cessent de courir de plein droit quoique l'autre créance n'en produise point. Mais comme les intérêts doivent être acquittés avant le capital, on les y réunit, et on compense le tout, jusqu'à due concurrence avec le ca-

---

1. Molen. in cons. par. ad art. 85. gl. n° 38.

pital dont l'autre partie est débitrice; il s'en suit que s'il y a des sommes produisant intérêts, les comptes doivent se faire par année, de sorte que l'on fasse les compensations et les déductions dans les temps où les sommes se trouvent concourir pour les compenser, afin que les intérêts courent ou cessent de courir selon les changements que les compensations et les déductions peuvent y apporter (L. 4, C. de compens. 4, 31. L. 7, C. de solut. 8, 43).

2° La compensation s'opérant de plein droit, on peut en conclure que si le débiteur a omis de l'opposer, il peut encore le faire à l'exécution du jugement même rendu en dernier ressort.

3° Du même principe il résulte que si à l'époque de l'instance formée au sujet d'une dette la créance que l'on oppose se trouve prescrite, la compensation n'en a pas moins produit son effet, si toutefois à l'époque où la dette était payable la prescription n'avait pas été consommée.

4° Si, nonobstant la compensation, le débiteur a par erreur acquitté une dette compensée, il peut répéter, comme n'étant pas due, la somme qu'il a payée (L. 10, § 1, ff. de compens. 16, 2).

5° La dette étant éteinte par la compensation, les priviléges et hypothèques qui en étaient l'accessoire sont également éteints du jour de l'extinction de l'obligation principale.

6° La créance une fois éteinte par la compensation, on ne peut plus la céder, si ce n'est pour ce qui reste après la compensation.

7° S'il y a plusieurs dettes susceptibles de compensation (art. 1297), l'imputation se fait selon les règles de l'art. 1256, que nous allons transcrire:

«Lorsque la quittance ne porte aucune imputation, le paiement doit «être imputé sur la dette que le débiteur avait pour lors le plus d'in- «térêt d'acquitter entre celles qui sont pareillement échues; sinon sur «la dette échue, quoique moins onéreuse que celles qui ne le sont «point. Si les dettes sont d'égale nature, l'imputation se fait sur la «plus ancienne : toutes choses égales, elle se fait proportionnelle- «ment.»

DE LA RENONCIATION A LA COMPENSATION OPÉRÉE.

L'acceptation du transport d'une créancce compensée emporte renonciation à la compensation, et le débiteur cédé qui a accepté purement et simplement la cession faite à un tiers par son ancien créancier, n'est plus recevable à opposer au cessionnaire la compensation
dont il eût pu se prévaloir contre le cédant, et il n'est même pas admis à se faire relever de l'engagement qu'il a contracté envers le cessionnaire en acceptant la cession, sous prétexte qu'il ignorait l'existence à son profit de la créance qui avait opéré la compensation (art.
1295, al. 1er)[1]. On a fait observer très-judicieusement que l'exception
établie par la disposition finale de l'art. 1299 ne peut s'étendre à cette
hypothèse, à raison du danger irrémédiable que le cessionnaire pourrait dans ce cas éprouver par le fait même du débiteur cédé.

La cession qui n'a point été acceptée par le débiteur, mais qui lui a
été signifiée, n'empêche pas la compensation des créances postérieures
à cette notification (art. 1295, al. 2). La créance, depuis la notification,
a, en effet, passé de la tête du premier créancier sur celle du cessionnaire, mais le premier ne peut être dépouillé par un acte auquel
il n'a pas intervenu des avantages de la compensation qui a eu lieu
de plein droit, et à laquelle il n'a renoncé ni tacitement, ni expressément.

La renonciation à la compensation ne saurait préjudicier à des
droits acquis à des tiers; l'art. 1298 nous en offre un exemple : Celui
qui étant débiteur est devenu créancier depuis la saisie-arrêt faite par
un tiers entre ses mains, ne peut, au préjudice du saisissant, opposer
la compensation. Cette disposition est simple à concevoir: du moment

1. Zachariæ, § 329.

de la saisie, le tiers-saisi n'a pu valablement payer à son créancier (art. 1242); il ne peut donc prétendre que la compensation, qui n'est qu'un paiement fictif, a eu lieu.

Nous avons vu qu'une des conséquences de la compensation était d'éteindre avec la dette les priviléges et hypothèques qui y étaient attachés; il en résulte que celui qui a payé une dette éteinte par la compensation ne peut plus, en réclamant la créance dont il n'a pas opposé la compensation, se prévaloir au préjudice des tiers des priviléges et hypothèques qui en étaient l'accessoire; la loi ne lui accorde ce droit que s'il prouve qu'il avait une juste cause d'ignorer la créance qui devait compenser sa dette. L'appréciation de ce fait sera abandonnée au magistrat (art. 1299).

CHAPITRE II.

De la compensation facultative.

Quand l'obstacle qui s'oppose à la compensation légale n'est établi qu'en faveur du demandeur, il peut le faire cesser par la déclaration qu'il ne veut point user du droit établi en sa faveur. Il lui suffit de manifester sa volonté par voie de simple exception; dès lors la compensation s'opère, comme si l'obstacle n'avait point existé, mais du jour seulement où la déclaration du demandeur l'a fait disparaître.

C'est ainsi que le déposant peut faire cesser par l'effet de sa volonté l'obstacle qui s'oppose à la compensation de la somme qu'il a déposée avec celle dont il se trouve débiteur envers le dépositaire (art. 1293, n° 2).

C'est par ce moyen également que l'héritier sous bénéfice d'inventaire peut repousser la faveur de la loi, qui empêche la confusion de ses droits personnels avec ceux de la succession.

Nous trouvons encore une application de ce principe dans le cas d'une dette alternative d'un côté et non de l'autre, qui a pour objet une chose fongible, ou une autre qui ne l'est pas. Le créancier peut, par la déclaration de son choix, lever l'obstacle qui s'oppose à la compensation.

CHAPITRE III.

De la compensation judiciaire.

La compensation judiciaire est, comme nous l'avons dit, celle à laquelle peut donner lieu une demande reconventionnelle que forme celle des parties dont la créance ne réunit pas encore toutes les conditions requises pour la compensation légale.

On appelle demande reconventionnelle une demande incidente par laquelle le défendeur provoque la reconnaissance ou la liquidation d'une créance qu'il prétend avoir contre le demandeur, afin de pouvoir ensuite la compenser avec la dette, dont ce dernier réclame le paiement [1].

La reconvention ayant pour but de parvenir à une compensation doit être rejetée dans tous les cas où la demande reconventionnelle ne peut entrer en compensation avec la demande principale. La reconvention, dit Brodeau, n'est point reçue ès-choses où la compensation n'a point de lieu.

Ainsi le dépositaire, l'emprunteur, le débiteur d'une rente ou pension alimentaire insaisissable ne peuvent former de reconvention contre la demande en restitution d'un dépôt ou d'un prêt à usage, contre la réclamation d'une pension alimentaire.

Deux conditions sont exigées pour l'admission de la reconvention par la coutume de Paris, qui est encore aujourd'hui, dit M. Toullier, la loi vivante en cette matière. L'art. 106 n'admet point la reconven-

1. Zachariæ, § 325, note 4.

tion : si elle ne dépend de l'action ou si la demande en reconvention n'est pas la défense contre l'action, premièrement intentée.

La reconvention rentrant du reste dans le domaine de la procédure civile, nous n'en traiterons pas plus longuement dans ce travail.

TROISIÈME PARTIE.

De la confusion.

SECTION PREMIÈRE.

GÉNÉRALITÉS.

La confusion, considérée comme mode d'extinction des obligations, est la réunion ou le concours dans la même personne des qualités de créancier et de débiteur d'une seule et même obligation (art. 1300, C. Nap.).

L'effet de la confusion est donc d'anéantir les droits et les obligations qui se trouvent confondus dans la même personne.

La confusion, résultant de l'impossibilité de la coexistence de deux qualités incompatibles sur la même tête, ne doit pas être entièrement assimilée à un paiement. *Confusio potius eximit personam ab obligatione, quam extinguit obligationem.*

L'art. 1300 du Code Napoléon est inexact dans ses termes; il parle de l'extinction de deux créances, et la confusion, à la différence de la compensation, n'en éteint jamais qu'une. Cette inexactitude paraît avoir induit en erreur la cour de cassation, qui a admis la confusion dans des espèces où il ne devait s'agiter qu'une question de compensation (Civ. cass., 11 décembre 1832, Sir. 33, 1, 140. Civ. cass., 13 mai 1833. Sir. 33, 1, 668) [1].

---

1. Zachariæ, § 330, note 2.

La réunion dans la même personne des droits du créancier et des obligations du débiteur peut s'opérer de plusieurs manières que nous allons parcourir successivement.

SECTION II.

EXAMEN DES DIFFÉRENTS CAS DANS LESQUELS A LIEU LA CONFUSION, ET DE SES EFFETS.

1º Le débiteur peut succéder au créancier ou le créancier au débiteur. Dans ce cas il n'y a point de doute que l'obligation ne soit éteinte pour la totalité, s'il n'y a qu'un héritier, et pour une portion virile, s'il y en a plusieurs.

Les accessoires de la créance, tels que les hypothèques et cautionnements, suivent le sort de l'obligation principale et s'éteignent comme elle jusqu'à concurrence de la portion pour laquelle la confusion s'est opérée.

2º Cas où le débiteur succède au fidéjusseur ou autres accessoirement obligés, ou bien le fidéjusseur au débiteur. L'obligation accessoire du cautionnement est éteinte pour la totalité s'il n'y a qu'un héritier, pour une part virile s'il y en a plusieurs; il ne reste plus que l'obligation principale (L. 93, § 2, 3, ff. de solut., 46, 3).

Quelques jurisconsultes romains pensaient que si la caution avait elle-même un fidéjusseur, appelé certificateur de la caution, l'obligation de ce dernier s'éteindrait avec celle de la caution libérée par la confusion. L'art. 2035 du Code Napoléon a rejeté cette décision; il porte : «La confusion qui s'opère dans la personne du débiteur principal et de sa caution, lorsqu'ils deviennent héritiers l'un de l'autre, n'éteint point l'action du créancier contre celui qui s'est rendu caution de la caution.» Cette disposition est aisée à concevoir : car le fidéjusseur de la caution accède à l'obligation principale, et son obligation ne peut être regardée comme accessoire de celle de la caution.

Si le fidéjusseur, succédant au débiteur, avait donné une hypothèque pour sûreté de son cautionnement, celle-ci continuerait de subsister en faveur du créancier. Car, si l'obligation principale et l'obligation du fidéjusseur ne peuvent exister dans une personne, il en est autrement de l'obligation principale et personnelle et de l'obligation hypothécaire [1].

Par exception au principe que nous avons établi sous ce numéro, on doit décider que si la caution d'un incapable devient son héritier, elle reste valablement obligée, *ex causa fidejussoria*, tout en succédant à l'action en nullité ou en rescision contre l'obligation principale; la raison en est que dans ce cas l'obligation de la caution est plus étendue que celle du débiteur principal.

3° Le créancier succède au fidéjusseur, le fidéjusseur au créancier, l'obligation accessoire du cautionnement est évidemment éteinte.

4° Un de plusieurs débiteurs solidaires devient héritier de l'un des créanciers, ou le créancier succède à l'un d'eux. Dans ce cas, la confusion n'éteint la créance solidaire que pour la part et portion du débiteur ou du créancier (art. 1209) dans la personne de qui s'opère la confusion. L'action solidaire subsiste entre les autres codébiteurs, déduction faite de la part confuse.

Le codébiteur, devenu seul héritier du créancier, serait cependant, dans le cas où par la suite l'un de ses codébiteurs deviendrait insolvable, tenu de supporter sa part dans l'insolvabilité (art. 1214).

5° Un des créanciers solidaires succède au débiteur, ou le débiteur à l'un des créanciers. L'obligation n'est éteinte par la confusion que pour la part du créancier décédé. Déduction faite de cette confusion, les choses restent dans le même état que s'il n'avait jamais existé.

6° Le fidéjusseur qui avait cautionné deux débiteurs solidaires peut succéder à l'un d'eux, ou l'un d'eux au fidéjusseur. Le fidéjusseur qui avait cautionné deux débiteurs solidaires succédant à l'un d'eux

1. Toullier, § 7, n° 427.

reste caution de l'autre ; il en serait de même de l'un des débiteurs solidaires devenu héritier du fidéjusseur.

7° Le fidéjusseur qui s'était obligé envers deux créanciers solidaires succède à l'un d'eux, ou l'un d'eux au fidéjusseur. Le fidéjusseur reste obligé envers l'autre créancier, car l'obligation pouvant subsister entre lui et le créancier qui reste, elle n'a pu être éteinte pour sa part par la confusion. Dans ce cas, la caution qui a succédé à l'un des créanciers solidaires a, du chef du défunt, une action contre le débiteur.

8° L'un de deux créanciers solidaires peut succéder à l'autre, ou l'un des débiteurs solidaires à son codébiteur. Dans ce cas, les obligations ne se confondent point, parce que quand deux obligations sont également fortes, également principales, elles restent entières l'une et l'autre, quoique réunies sur la même tête, car on ne peut apercevoir laquelle doit être confondue.

Le créancier solidaire peut donc former sa demande dans son nom ou dans celui du défunt ; de même, le créancier d'un des débiteurs solidaires qui a succédé à son codébiteur peut à son choix diriger sa demande contre le débiteur survivant, du chef de celui-ci, ou du chef de celui dont il est héritier.

9° L'un de plusieurs cofidéjusseurs peut succéder à un autre cofidéjusseur, les deux obligations étant égales subsistent par application du principe déduit sous le n° 8 ci-dessus.

10° L'État succède à son débiteur, ou à deux personnes dont l'une était créancière de l'autre.

Lorsque l'État recueille la succession vacante de son débiteur, il ne se fait point de confusion des obligations du débiteur décédé, ses cautions ou fidéjusseurs ne sont libérés que jusqu'à concurrence de la valeur des biens recueillis par l'État.

Si l'État réunit par deshérence les droits et les obligations de deux successions dont l'une est créancière de l'autre, la confusion ne s'opère que jusqu'à concurrence des biens trouvés dans la succession débitrice de l'autre. En effet, l'État ne succédant qu'à défaut d'héritiers, et ceux-ci ayant trente ans pour réclamer l'hérédité, l'État ne peut être assujetti aux dettes de la succession que comme détenteur des biens qui y sont affectés.

L'héritier sous bénéfice d'inventaire a, comme nous l'avons déjà dit, l'avantage de ne pas confondre ses biens personnels avec ceux de la succession, et de conserver contre elle le droit de réclamer le paiement de ses créances (art. 802, C. Nap.).

SECTION III.

DE LA CESSATION DE CONFUSION.

Lorsque la cause qui a produit la confusion vient à disparaître, la créance qu'elle avait éteinte renaît en général avec tous ses accessoires, même à l'égard des tiers. Il en est ainsi notamment lorsque l'héritier est déclaré indigne. En Droit romain, au contraire, l'héritier exclu de la succession pour cause d'indignité n'était pas rétabli dans les droits éteints par la confusion momentanée qu'avait opérée son acceptation pure et simple, *propter dolum enim puniebatur*.

Les effets de la confusion cessent encore, lorsque l'acceptation faite par l'héritier est révoquée, ou que le testament qui l'avait appelé à l'hérédité vient à être annulé.

La vente d'une hérédité fait cesser entre les parties les effets de la confusion qui s'est opérée au profit de l'héritier vendeur ou à son préjudice. Ainsi, l'héritier est obligé de payer à l'acquéreur ce qu'il devait au défunt et de souffrir l'exercice des servitudes dont ses héritages propres étaient grevés au profit d'héritages appartenant au défunt. Réciproquement, il peut réclamer de l'acquéreur le paiement de ses créances contre le défunt et exercer les servitudes établies en faveur d'héritages à lui appartenant sur des héritages de ce dernier (art. 1695 et arg. de cet article)[1].

1. Zachariæ, § 359*ter*, texte n° 2, note 8.

Enfin, les effets de la confusion cessent par la restitution que l'héritier ou légataire grevé de substitution est obligé de faire des biens qu'il a reçus, à la charge de les rendre.

A la cessation de la confusion se rapporte un fait historique, rappelé par M. Toullier, et que nous ne croyons pas devoir passer sous silence, à raison de son importance.

Après la confiscation des biens des émigrés, les droits actifs ou passifs qu'ils avaient les uns contre les autres ou contre l'État se trouvèrent réunis et confondus entre les mains du domaine. Bonaparte, pour rétablir la tranquillité en France, accorda, par le sénatus-consulte du 6 floréal an X, une amnistie aux émigrés qui voudraient rentrer en France. L'art. 17 leur rendit leurs biens non vendus; mais il excepta de cette restitution «les créances qui pouvaient leur appartenir sur le trésor public, et dont l'extinction s'est opérée par confusion au moment où la République a été saisie de leurs biens, droits et dettes actives.»

Mais cette disposition ne fut point réciproque : les créances de l'État contre les émigrés, rayés ou amnistiés, ne furent point éteintes comme les créances de ceux-ci contre l'État. Les droits du Trésor furent maintenus par un arrêté du gouvernement du 3 floréal an XI. Quant aux droits des émigrés les uns contre les autres, ils se relevèrent de la confusion qui les avait momentanément éteints.

Nous avons cité ce fait comme un exemple peut-être unique d'une cessation de confusion qui fit revivre les droits en faveur de l'une des parties et non en faveur de l'autre.

INSTRUCTION CRIMINELLE.

Des délits commis en pays étranger.

(Art. 5, 6 et 7, Inst. crim.)

PREMIÈRE PARTIE.

SECTION PREMIÈRE.

GÉNÉRALITÉS.

La question de la compétence des tribunaux d'un pays, pour la ré-pression des délits commis par un régnicole en pays étranger, a été longuement et vivement controversée. Aussi les art. 5, 6 et 7 du Code d'instruction criminelle, qui règlent dans notre droit les principes de la matière, donnèrent-ils lieu, au sein du conseil d'État, à de pro-fondes discussions.

MM. Treilhard et Béranger surtout attaquèrent très-vivement les dispositions de ces articles : il n'en est point, disaient-ils, de la puni-tion d'un délit comme de l'obligation civile qu'il a produite. L'exécu-tion de cette obligation personnelle peut être poursuivie partout où le débiteur se trouve, mais le seul juge compétent du délit est celui du lieu dans lequel le délit a été commencé ou dans lequel il se con-tinue. — Du reste, chacun se soumet aux lois du pays où il va; c'est par cette raison que l'étranger qui vient en France est puni lorsqu'il contrevient aux lois françaises; mais ces lois ne régissent pas celui qui vit en pays étranger. Il pourra même les ignorer, s'il n'est pas Français. S'il vient donc en France après les avoir blessées, nos tribunaux ne pourront les lui appliquer; ils ne pourront lui appliquer davantage les lois de son pays, qui sont sans autorité parmi nous. Ce qui est qualifié délit dans un pays n'est pas délit dans un autre. — On ne punit le coupable que du trouble qu'il a apporté à l'ordre public; or, les délits ne troublent l'ordre public que dans le pays où ils sont commis : on ne peut donc les poursuivre dans un autre pays. — Si l'on poursuivait le coupable dans l'étranger et en France, on pourrait avoir sur le même fait deux jugements contradictoires. — Du reste, en admettant même que, par les principes du droit des gens, les faits énumérés dans les art. 5, 6 et 7 soient qualifiés de crimes dans tous les pays, on ne peut appliquer de peine, en vertu du droit des gens; pourquoi ne pas plutôt laisser, par exemple, en vertu de ce droit, aux tribunaux d'un pays la connaissance des crimes de contrefaçon de monnaies d'autres États.

Enfin, le coupable d'un délit commis en pays étranger restera presque toujours impuni, à raison de l'impossibilité dans laquelle se trouveront nos tribunaux de se procurer les preuves du délit.

MM. Target, Berlier et Cambacérès répondirent à ces objections que le Français qui n'a point abdiqué sa patrie demeure, quant à sa personne, soumis aux lois de son pays, qui le protègent à leur tour dans quelque pays qu'il se trouve. — Il y aurait des dangers à souffrir qu'un Français, qui aurait, dans l'étranger, comploté contre la sûreté de l'État, rentrât paisiblement en France et y vécut tranquillement sous la protection des lois du gouvernement qu'il a cherché à renverser. — En ce qui concerne l'étranger, la sûreté mutuelle des nations leur a fait inscrire dans leur Code l'extradition; l'étranger qui a donc commis un crime de nature à provoquer l'extradition est prévenu qu'il doit en répondre aux tribunaux du pays contre lequel il a agi. —

D'ailleurs ce dernier n'est coupable que, lorsqu'après avoir préparé le crime dans son pays, il vient en France pour le mettre à exécution : sa seule présence sur notre territoire est donc une présomption de sa culpabilité. — Quant au crime d'un Français contre un Français en pays étranger, la disposition de la loi a été créée principalement pour atteindre le cas où le crime aurait été exécuté à peu de distance des frontières, où l'assassin, par exemple, aurait attiré sa victime sur le territoire étranger. — Enfin, la règle : *non bis in idem*, sera toujours respectée ; la poursuite des faits, des crimes, sera subordonnée au cas où ils n'auraient pas encore fait l'objet d'une poursuite ou d'un jugement en pays étranger.

Ces arguments prévalurent, et les articles furent adoptés tels qu'ils figuraient au projet de Code, sauf quelques modifications.

M. Faustin-Hélie pense que leurs dispositions, loin de contenir une exception au principe de la compétence territoriale, posent une règle générale parallèle à celle de la territorialité de la juridiction, dont les applications ont seulement été restreintes à raison de circonstances particulières. Telle n'est point notre opinion : le droit de punir est fondé sur le devoir imposé à tous les gouvernements de maintenir l'ordre public sur leur territoire ; il est une conséquence de la souveraineté ; lors donc que la souveraineté expire à la frontière, le droit de justice ne doit point s'étendre au delà. Du reste, le Code d'instruction criminelle, en spécifiant les cas dans lesquels les Français ou les étrangers peuvent être poursuivis en France pour crimes commis en pays étranger, suppose par cela même le principe que la justice est territoriale.

SECTION II.

EXAMEN CRITIQUE DES ART. 5, 6 ET 7 du CODE D'INSTRUCTION CRIMINELLE.

L'art. 5 est ainsi conçu : «Tout Français qui se sera rendu coupable hors du territoire de France d'un crime attentatoire à la sûreté de l'État, de contrefaçon du sceau de l'État, de monnaies nationales ayant cours, de papiers nationaux, de billets de Banque autorisés par la loi, pourra être poursuivi, jugé et puni en France, d'après les dispositions des lois françaises. »

Cet article présente deux catégories de fait que nous allons examiner.

La première concerne les crimes attentatoires à la sûreté de l'État, elle ne s'étend point à tous les crimes énumérés dans le titre Ier, livre III du Code pénal, sous la rubrique : Crimes et délits contre la chose publique; mais seulement aux crimes contre la sûreté de l'État dont traite le chapitre Ier du titre Ier du livre III.

Ce principe ressort de la rédaction même de notre art. 5, qui déclare susceptibles d'être punis en France les faits de contrefaçon du sceau de l'État, d'émission et de fabrication de monnaies ayant cours en France ; or ces faits restent dans l'énumération du chapitre III du titre Ier, livre III : ce n'est donc que par une exception qui doit s'entendre restrictivement que les rédacteurs de l'art. 5 ont parlé de faits étrangers au chapitre Ier, titre Ier, livre III du Code pénal.

Mais ce chapitre, comme l'indique sa rubrique, traite à la fois des crimes et des délits contre la sûreté de l'État; l'art. 5 ne parle absolument que de crimes. il ne devra donc s'appliquer à aucun des délits mentionnés dans ce chapitre.

La seconde catégorie des faits prévus par l'art. 5 comprend ceux qui tombent sous l'application des art. 131, 133 et 139 du Code pénal.

En ce qui concerne ces faits, l'interprétation devra strictement se renfermer dans les termes de la loi , car nous sommes ici sur le terrain des exceptions.

La poursuite n'est soumise, dans le cas de notre article , à aucune condition spéciale, la loi n'exige ni présence sur le territoire, ni arrestation du Français; il peut donc être jugé par contumace. Mais il est à remarquer que la poursuite, ainsi qu'il résulte du mot *pourra*, inséré dans notre article , est facultative; elle devra dépendre de l'existence des preuves , de la gravité des faits , de l'opportunité des procédures.

L'art. 6 étend l'application de l'art. 5 aux étrangers qui, auteurs ou complices des mêmes crimes, seraient arrêtés en France ou dont le gouvernement obtiendrait l'extradition.

Nous avons déjà vu à combien de critiques avait donné lieu le principe qui rend justiciable de nos tribunaux l'étranger auteur d'un crime commis en pays étranger; la discussion fut plus vive encore lors de l'examen spécial de l'art. 6. M. Treilhard fit observer que l'étranger, en agissant dans son pays contre la France, peut n'avoir fait qu'obéir aux lois de son gouvernement; on objecta avec succès que les étrangers ne sont pas responsables de tous les faits attentatoires à la sûreté de l'État; ainsi les actes d'hostilité commis contre la France en temps de guerre ne tombent pas sous le coup de notre article, s'ils sont permis par le droit des gens entre puissances ennemies.

Du reste, la prudence du législateur a ici subordonné l'application *facultative* de notre article à une condition: il faut que l'étranger ait été arrêté en France, ou que le gouvernement ait obtenu son extradition. La présence de l'étranger sur notre territoire fait supposer, comme il a été dit plus haut, qu'il s'y trouve pour faciliter l'accomplissement du crime par lui préparé en pays étranger. Cette présomption autorise contre lui les poursuites; il n'est du reste pas nécessaire que le crime commis en pays étranger par un étranger ait eu un commencement d'exécution en France [1].

Enfin, la présence de l'étranger sur notre territoire doit, pour pouvoir donner lieu à des poursuites, être le résultat d'un retour volontaire, ou de l'extradition [2].

Il résulte évidemment de notre article que l'étranger ne peut, comme le Français, être jugé par contumace.

1. Avis du Conseil d'État, 13 décembre 1804.

2. Arrêté des consuls, du 18 brumaire an VIII, en faveur des émigrés français naufragés à Calais, arg. par analogie.

Ce serait le lieu ici de parler de l'extradition, mais cette mesure nous paraît tellement importante que nous nous réservons de la traiter dans une partie spéciale.

L'art. 7 contient la disposition suivante: «Tout Français qui se «sera rendu coupable hors du territoire du royaume d'un crime «contre un Français pourra, à son retour en France, y être poursuivi «et jugé, s'il n'a pas été poursuivi et jugé en pays étranger, et si le «Français offensé rend plainte contre lui.»

Dans les art. 5 et 6 il s'agit de crimes publics, et c'est dans la nature du fait commis que se trouve le principal motif de l'exception introduite par ces articles à la territorialité de la juridiction ; au contraire, dans l'art. 7 il s'agit de crimes d'une nature purement privée et commis hors de la frontière française, échappant à ce double titre à la juridiction ordinaire des tribunaux français ; cependant l'application présente dans l'hypothèse de l'article une circonstance particulière; le crime a été commis par un Français contre un Français, la loi voit dans cette circonstance une cause attributive de juridiction pour les tribunaux français, sous le concours des conditions que nous indiquerons tout à l'heure [1].

M. Boitard ne voit d'autre motif à cette disposition que le désir d'éviter les querelles, les vengeances privées que pourrait exciter en France l'impunité accordée au coupable de retour, malgré les réclamations du Français offensé. Cet article est encore fondé sur une disposition d'ordre public, qui s'oppose à ce que le Français vienne, après la perpétration d'un crime de cette nature, vivre sous la protection des lois qu'il a violées.

Deux espèces de conditions sont requises par notre article pour autoriser les tribunaux à se déclarer compétents ; les premières concernent la criminalité du fait, les autres sont relatives aux poursuites.

Pour qu'il y ait crime punissable par les tribunaux français, il faut :

1. Leçons d'inst. crim. de M. Boitard, recueillies par Gust. de Linage p. 2me

1° que l'auteur du fait soit Français ; 2° que la partie lésée soit française ; 3° que le fait soit qualifié crime par la loi.

La jurisprudence a fréquemment appliqué les deux premières règles (cassation, 18 février 1819, 1er mars 1838).

MM. Legraverend et Bourguignon, se fondant sur l'art. 24 du Code d'instruction criminelle qui confie au procureur du roi : «la poursuite des crimes ou des délits commis hors du territoire français», ont soutenu que l'art. 7 s'appliquait aussi bien aux délits qu'aux crimes. Leur opinion a été accueillie par trois arrêts des cours de Lyon, Colmar et Metz[1]. Mais la cour de cassation a jugé le contraire par un arrêt du 26 septembre 1839, motivé sur ce que les règles principales de la matière se trouvent posées dans l'art. 5 qui ne parle que de crimes, que l'art. 24 ne s'occupe que des formes de poursuite, que c'est par erreur que le mot délits y a été inséré.

Pour la validité des poursuites, il faut encore: 1° que le prévenu soit de retour en France ; 2° qu'il n'y ait eu contre lui ni poursuite, ni jugement en pays étranger; 3° que le Français offensé ait rendu plainte.

Le retour du Français doit évidemment, comme la présence de l'étranger dans notre article précédent, être le résultat d'un acte volontaire de sa part.

La seconde condition est la consécration de la maxime : *non bis in idem*; condamné, absous ou acquitté, le Français profitera du bénéfice de la chose jugée.

Le droit de porter la plainte, qui est la dernière condition exigée pour autoriser les poursuites, passe aux héritiers ou aux plus proches parents du défunt, si le Français est décédé victime d'un assassinat (arrêt de cassation, 17 août 1832).

Quant aux formes de cette plainte, elles seront assujetties aux lois générales de la procédure.

1. Lyon, 23 février 1819. Colmar, 23 août 1820. Metz, 29 août 1827.

Le ministère public devra-t-il arrêter les poursuites, si la plainte est suivie de désistement?

Nous pensons avec M. Faustin Hélie que la justice une fois régulièrement saisie de l'affaire par la plainte, les poursuites du ministère public devront continuer, quel que soit le sort de celle-ci. Agir contrairement, ce serait, dit cet auteur, abandonner l'exercice de l'action publique à la partie privée, lui donner le droit de transaction sur le crime!

La chambre des députés (13 et 14 avril 1842) a adopté une disposition modificative de l'art. 7 du Code d'instruction criminelle. Elle est conçue dans les termes suivants:

«Tout Français qui se sera rendu coupable hors du royaume, soit «contre un Français, soit contre un étranger, d'un fait qualifié crime «ou délit par la loi française, pourra, à son retour en France, y être «poursuivi et jugé à la requête du ministère public, s'il n'a pas été «jugé définitivement en pays étranger.

«En cas de délit, il ne pourra être dirigé de poursuites que sur «la plainte de la partie lésée ou sur l'avis officiel des autorités du lieu «où le délit aura été commis.

«A l'égard des délits commis hors du royaume par un Français «contre un étranger, il ne pourra être dirigé de poursuites par le mi-«nistère public que dans les cas qui auront été déterminés entre la «France et les puissances étrangères par des conventions diplomati-«ques.»

Cette loi étend le droit de poursuite aux simples délits, dans le cas où il y aurait plainte de la partie lésée ou avis officiel des autorités du lieu où le délit aura été commis.

Il nous reste à examiner dans quels cas l'action publique peut saisir un crime commencé en France et consommé à l'étranger, ou un crime commencé en pays étranger et consommé en France.

M. Treilhard disait au conseil d'État qu'il suffisait que le crime eût été commencé ou se fût prolongé sur le territoire français pour rendre les tribunaux français compétents. Nous croyons cependant qu'il ne faut user de cette décision qu'avec réserve ; si les faits qui ont aidé en France à l'accomplissement du crime consommé à l'étranger sont des actes inoffensifs, que la loi n'atteint pas, les tribunaux français seront incompétents pour connaître du fait. C'est ainsi que l'achat fait en France d'un poignard qui aurait servi à la perpétration d'un meurtre commis en pays étranger ne suffirait pas pour attribuer aux tribunaux français la connaissance de ce crime.

Au contraire, si les actes qui ont préparé l'accomplissement du crime constituent eux-mêmes un délit réprimé par la loi française, les tribunaux français seront compétents pour connaître du tout.

Il faut en second lieu, pour rendre les tribunaux français compétents, que les faits qui se sont passés sur notre territoire et ceux qui se sont passés sur le territoire étranger soient liés les uns aux autres, et forment, dans leurs perpétrations successives, un seul et même fait ; la compétence, régulièrement acquise aux actes commis sur le territoire, se prolonge pour ainsi dire au delà de ce territoire, pour suivre les conséquences de ces actes (cour de cassation, 21 novembre 1806).

C'est par application de ce principe que la cour supérieure de Bruxelles a décidé que le recélé commis sur le territoire d'objets volés en pays étranger ne peut être jugé par les tribunaux du territoire.

La cour de Colmar a, par la même raison, déclaré les tribunaux français compétents pour connaître d'un délit d'escroquerie consommé par des actes passés en France, encore bien que les manœuvres frauduleuses aient été commises en pays étranger.

Serait donc punissable en France l'auteur d'un meurtre commis en tirant du territoire français un coup de fusil sur un homme placé en territoire étranger, et réciproquement ; en effet, la tentative et la réalisation du meurtre sur le territoire français constituent par eux-mêmes des crimes, abstraction faite de ce qui s'est passé sur le territoire étranger ; on pourrait en dire autant d'un crime de séquestration commencé en France et continué à l'étranger, et réciproquement.

DEUXIÈME PARTIE.

Dé l'extradition.

SECTION PREMIÈRE.

INTRODUCTION.

L'extradition est l'acte par lequel un État livre le prévenu d'une infraction commise hors de son territoire à un autre État, compétent pour juger cette infraction et la punir.

Fondée sur des principes de justice universelle, cette institution aide les peuples dans l'œuvre solidaire qui leur est assignée, de réprimer les crimes dont la société est affligée, et tend à affermir leur sécurité. La persuasion de ne trouver aucun lieu sur la terre où le crime puisse demeurer impuni est, dit Beccaria, le moyen le plus efficace de le punir. Aussi retrouvons-nous dès les temps les plus reculés l'application de cette mesure. Mais les principes sacrés du droit d'asile, plus tard l'orgueil jaloux des nations et des cités qui se constituaient comme lieux de refuge firent longtemps obstacle à l'admission de cette mesure salutaire.

Ce n'est que dans le courant des XVIe, XVIIe et XVIIIe siècle que nous voyons des conventions générales d'extradition se former et s'étendre.

SECTION II.

DANS QUELS CAS IL Y A LIEU A EXTRADITION.

Nous ne pouvons énumérer tous les cas d'extradition; ils se trouvent disséminés dans les traités passés avec les puissances étrangères; nous nous bornerons donc à établir dans ce chapitre quelques règles qui dominent tous les traités et s'appliquent à toutes les extraditions.

Première règle. — L'extradition n'est jamais accordée par la France à raison de crimes politiques (circulaire ministérielle du 5 avril 1841).

Deuxième règle. — L'extradition est limitée aux faits qualifiés crimes et punis d'une peine afflictive et infamante. Cette règle n'est pas strictement applicable, car on prendra en considération autant la gravité du fait que la qualification du législateur.

Troisième règle. — La liste des crimes que renferment les traités est en général indicative ; mais des conventions particulières peuvent accorder l'extradition dans des cas non prévus, sous la double condition que le fait soit qualifié crime, et que l'État qui demande l'extradition s'engage à la réciprocité dans le même cas.

Quatrième règle. — L'extradition qui n'est pas renfermée dans les limites des traités s'exécute entre les divers États, lors même qu'ils ne sont liés par aucune convention.

Une cinquième règle est que l'extradition ne s'applique dans aucun cas aux régnicoles du pays qui l'accorde.

Cependant l'empereur s'était, par le décret du 23 octobre de 1811, réservé la faculté d'extrader dans certains cas les Français poursuivis à raison de crimes commis en pays étranger. Mais on a considéré cette disposition comme abrogée par l'art. 62 de la Charte de 1814, ainsi conçu : Nul ne peut être distrait de ses juges naturels.

SECTION III.

DES FORMES DE L'EXTRADITION.

L'extradition peut être considérée sous le double point de vue de la puissance qui la demande, et de celle qui l'accorde. Nous allons examiner successivement les règles relatives aux formes de la demande et de la concession de l'extradition.

La demande d'une extradition se fait de la manière suivante :

Lorsqu'un individu prévenu de l'un des crimes qui peuvent mo-

tiver l'extradition est en fuite, et que les renseignements parvenus au
parquet apprennent le lieu de sa résidence en pays étranger, le procureur impérial transmet ces renseignements, avec les pièces à l'appui,
au procureur général. Les pièces sont adressées par ce dernier magistrat, avec son avis sur la demande, à M. le garde-des-sceaux. La nature
des pièces à joindre à la demande d'extradition varie selon les traités,
et selon que la procédure est plus ou moins avancée. Les pièces sont
transmises par M. le garde-des-sceaux au ministre des affaires étrangères, qui poursuit par voie diplomatique l'obtention de l'extradition.
Le prévenu extradé est d'abord remis à l'autorité administrative, qui
est chargée de le livrer à la justice.

Les règles relatives à la concession de l'extradition par la France
sont déterminées dans le décret du 23 octobre 1811.

Dans ce cas, l'autorité judiciaire reste complétement étrangère à la
négociation.

Toute demande d'extradition faite par un pays étranger doit être
adressée, avec les pièces justificatives, au ministre des affaires étrangères, qui la transmet au ministre de la justice. La demande est ensuite soumise au chef de l'État, qui statue.

Il peut, dans le cours d'une extradition, se produire divers inci-
dents que nous allons parcourir.

S'il s'agit d'étrangers qu'une ordonnance du chef de l'État livre à
un gouvernement étranger, trois hypothèses peuvent se présenter :

1° L'étranger dont l'extradition a été accordée peut avoir été l'objet
d'une condamnation en France.

Dans ce cas, il ne peut être livré qu'après avoir subi sa peine.

2° Cet étranger peut se trouver poursuivi, au moment même de
l'extradition, à raison d'un délit commis en France. L'extradition ne
peut avoir lieu avant que le jugement ait été prononcé.

3° Si l'étranger est, au moment de l'extradition, écroué ou recom-
mandé au nom de ses créanciers, l'extradition ne devra pas être sus-
pendue (instruction ministérielle du 5 avril 1841 ; avis du conseil
d'État du 2 juillet 1836).

Quand il s'agit de Français que les gouvernements étrangers livrent à la France, les difficultés sont plus graves.

Si un Français réfugié en pays étranger a été réclamé par la France et lui a été livré, ce prévenu pourra élever au tribunal devant lequel il est traduit des exceptions fondées soit sur l'illégalité de l'acte qui le livre, soit sur les termes restrictifs ou conditionnels de cet acte. Mais ce tribunal sera-t-il compétent pour statuer sur ces difficultés?

L'extradition étant entre deux nations une convention soumise au droit des gens, il n'appartient pas aux juges d'en apprécier la légalité; mais ils sont dans ce cas investis du même pouvoir qu'ils exerceraient à l'égard d'une question préjudicielle dont la solution appartiendrait à une autre juridiction; ils examineront donc si l'exception soulevée par le prévenu est sérieuse; s'ils la trouvent dénuée de fondement, ils passeront outre au jugement; dans le cas contraire, ils surseoiront aux débats, jusqu'à ce que l'autorité compétente ait statué.

La légalité de l'extradition ne devra être appréciée que par le titre original de la poursuite ou de l'accusation, et non par la qualification que le fait a pu recevoir dans l'arrêt de condamnation par suite de l'admission de circonstances atténuantes.

Enfin, si l'extradition n'a été accordée qu'à raison d'une partie des faits pour lesquelles elle a été demandée, le tribunal devra scinder les débats; il jugera d'un côté les faits qui ont occasionné l'extradition, et procédera, quant aux autres, comme en matière de contumace.

Vu par le président de l'acte public.

Le 2 décembre 1857.

C. DESTRAIS.

Permis d'imprimer :

Strasbourg, le 3 décembre 1857.

Le Recteur, DELCASSO.

www.ingramcontent.com/pod-product-compliance
Ingram Content Group UK Ltd.
Pitfield, Milton Keynes, MK11 3LW, UK
UKHW022208070726
13613UKWH00004B/1520